BEI GRIN MACHT SICH IHR
WISSEN BEZAHLT

- Wir veröffentlichen Ihre Hausarbeit,
  Bachelor- und Masterarbeit

- Ihr eigenes eBook und Buch -
  weltweit in allen wichtigen Shops

- Verdienen Sie an jedem Verkauf

Jetzt bei www.GRIN.com hochladen
und kostenlos publizieren

Eric Jänicke

Eine Diskussion zu Andrea Heubachs "Generationengerechtigkeit - Herausforderung für die zeitgenössische Ethik"

GRIN Verlag

Bibliografische Information der Deutschen Nationalbibliothek:

Die Deutsche Bibliothek verzeichnet diese Publikation in der Deutschen National-
bibliografie; detaillierte bibliografische Daten sind im Internet über http://dnb.d-
nb.de/ abrufbar.

Impressum:

Copyright © 2011 GRIN Verlag GmbH
Druck und Bindung: Books on Demand GmbH, Norderstedt Germany
ISBN: 978-3-656-15164-7

Dieses Buch bei GRIN:

http://www.grin.com/de/e-book/190410/eine-diskussion-zu-andrea-heubachs-
generationengerechtigkeit-herausforderung

GRIN - Your knowledge has value

Der GRIN Verlag publiziert seit 1998 wissenschaftliche Arbeiten von Studenten, Hochschullehrern und anderen Akademikern als eBook und gedrucktes Buch. Die Verlagswebsite www.grin.com ist die ideale Plattform zur Veröffentlichung von Hausarbeiten, Abschlussarbeiten, wissenschaftlichen Aufsätzen, Dissertationen und Fachbüchern.

Besuchen Sie uns im Internet:

http://www.grin.com/

http://www.facebook.com/grincom

http://www.twitter.com/grin_com

Technische Universität Dresden

Philosophische Fakultät

Institut für Philosophie

Sommersemester 2011

Seminararbeit (als Referatersatz) in:

Ethik der Zukunft

Thema:

Andrea Heubach - Generationengerechtigkeit

Vorgelegt von: **Eric Jänicke**

Studiengang: Fach-BA Philosophie/Germanistik
                  6. Fachsemester

Datum: 27.06.2011

Gliederung

1. Einleitung

Die Frage nach einer nachhaltigen Zukunftsgestaltung ist ein Zentrum ethischer Überlegungen. An Brisanz gewinnt dieser Aspekt vor dem Hintergrund potentiell immer risikoträchtigerer Technologie und zunehmend ganzheitlicheren Einblicken in globale Prozesse. Wie eine solche Nachhaltigkeit sich praktisch gestalten kann, anthropolisch möglich ist etc. sind daher Fragen, die die Philosophie explizit gerade in neuerer Zeit zu beantworten sucht. In diesem Diskurs hat sich unter anderem der Begriff Generationengerechtigkeit herauskristallisiert. Die offenkundig wirkende Fürsorge für nahestehende Verwandte ist dabei ein Ausgangspunkt und wird nun versucht konzeptionell einzubinden um auch in einer globalen Welt über die Grenzen der eigenen Familie oder zeitbezogener formuliert über wenige Generationen hinaus wirksam zu bleiben. Wie motiviert sich verantwortliches Handeln auf anonyme Bezugsgruppen? Oder ist dies gar nicht notwendig um nachhaltig Einfluss auf langfristige Zukunft zu nehmen? Dabei wird der Begriff der Generationengerechtigkeit bedeutsam, der sich auf die Verantwortung zwischen den Generationen bezieht und mithin kontrovers diskutiert wird.

An dieser Stelle setzt auch Andrea Heubach mit ihrem Text ‚Generationengerechtigkeit – Herausforderung für die zeitgenössische Ethik‘ ein um Aspekte nachhaltiger Zukunftsgestaltung zu beantworten. Im Folgenden sollen ihre Überlegungen ausgeführt und diskutiert werden.

2. Der Begriff der Generationengerechtigkeit

Aufgrund fehlender Schärfe und Eindeutigkeit der Begrifflichkeit bemüht sich Heubach zunächst um eine möglichst klare definitorische Grundlage. Sie fasst dabei *intergenerative, intergenerationelle* und *Generationengerechtigkeit* aufgrund der synonymen Verwendung in der Literatur inhaltlich zusammen.[1] Um den Begriff überhaupt erst wissenschaftlich fruchtbar zu machen, soll er präzisiert und bestimmt werden. Die weitaus ausführlicheren definitionstheoretischen Überlegungen bei Heubach werden an dieser Stelle vernachlässigt. Zunächst nimmt sie eine etymologische Untersuchung und eine Analyse der allgemeinen Verwendung der Begriffsbestandteile vor. Der Wortbestandteil *inter* kommt dem deutschen *zwischen* gleich. Bei den Worten *Gerechtigkeit* und *Generation* gestaltet sich eine Bestimmung schon komplexer.

Gerechtigkeit

Sowohl etymologisch als auch in seiner Verwendung ist das Wort Gerechtigkeit von einer gewissen Vieldeutigkeit. Gerechtigkeit stammt im Altgriechischen vom Wort Recht ab und ist am besten mit der *Tugend der Rechtmäßigkeit* beschrieben.[2] Bei Aristoteles gewinnt diese Bedeutung noch an Tiefe, indem die Art von Rechtmäßigkeit, die ein Mensch in Bezug auf andere, also innerhalb einer Gemeinschaft, üben kann, als das Mittlere zwischen einem Übermaß und einem Mangel verstanden wird.[3] Auch bei Cicero ist die Gerechtigkeit eine Tugend, die dem Leben in der Gemeinschaft förderlich dient und ihr nützlich ist.[4]

Im Althochdeutschen manifestiert sich das Adjektiv *gireht* als aufrecht, richtig. Und selbst im Altägyptischen verstand man den Begriff *Ma'at*, der zugleich eine Göttin bezeichnet, als Wahrheit, Gerechtigkeit und Weltordnung.[5] Diese verschiedenen historischen Sprachen weisen einen Kontext aus, der die Bedeutung von Gerechtigkeit schon relativ genau *um*schreibt, doch die Substanz des Begriffs selbst bleibt weitgehend unklar.

---

[1] Vgl. Heubach 2008, S. 18.
[2] Vgl. ebd., S. 22.
[3] Vgl. ebd.
[4] Vgl. ebd.
[5] Vgl. ebd., S. 22 f.

Wie nicht anders zu erwarten, führten die traditionellen Utilitaristen Gerechtigkeit durchaus mit Recht auf die Nützlichkeit zurück.[6] Aus dieser Betrachtungsweise ergibt sich wiederum eine Vielzahl von Perspektiven.

Im Rahmen der Ermöglichung von sozialem Zusammenleben lässt sich Gerechtigkeit sowohl als die Bemühung um Gleichheit zwischen Gesellschaftsmitgliedern, also immer noch als Tugend, als auch als ein absoluter Wert, der ähnlich dem Schönen oder dem Guten, als Idealvorstellung einer bestmöglichen Gesellschaftsordnung verstehen.[7] So gesehen handelt es sich bei diesen beiden Beschreibungen um eine praktische und eine theoretische Seite des Gerechtigkeitsbegriffs.

Heubach resümiert, dass Gerechtigkeit ein Beurteilungskriterium darstellt, nach dem wiederum handelnde Personen sich richten können.[8] Gerechtigkeit hat also einen objektiven als auch einen subjektiven Gehalt. In jedem Fall bleibt sie ein menschliches Konstrukt, das innerhalb der Geschichte inhaltlich verschieden, oder besser, als auf verschiedene Weise erreichbar bestimmt wurde.[9]

So stellt sich die Frage nach einem gemeinsamen Kern der divergierenden Gerechtigkeitskonzeptionen. Heubach verdeutlicht, Chaim Perelman zitierend, die inhaltlich unterschiedlichen Bestimmungen von Gerechtigkeit:

1. Jedem das Gleiche
2. Jedem gemäß seinen Verdiensten
3. Jedem gemäß seinen Werken
4. Jedem gemäß seinen Bedürfnissen
5. Jedem gemäß seinem Rang
6. Jedem gemäß dem ihm durch Gesetz zugeteilten[10]

Den gemeinsamen Nenner der ersten fünf Konzeptionen macht Heubach darin aus, dass jedem das zukommen soll, was ihm nach bestimmten Maßstäben gebührt – das Prinzip der Gleichbehandlung als Konsens von Gerechtigkeitskonzeptionen.[11][12]

---

[6] Vgl. ebd., S. 23.
[7] Vgl. ebd.
[8] Vgl. ebd., S. 24 f.
[9] Vgl. ebd., S. 25.
[10] Vgl. ebd.
[11] Vgl. ebd., S. 26.
[12] Im Falle der sechsten Konzeption ließe sich darüber streiten, ob sie überhaupt unter den Begriff der Gerechtigkeit fallen kann. Nur, wenn dem Gesetz notwendig auch Gerechtigkeit immanent ist, ließe sich dafür argumentieren.

Heubach führt ihre Überlegungen zu der definitorischen Bestimmung von Gerechtigkeit, die von Perelman vorgenommen wurde, dass Gerechtigkeit ein Handlungsprinzip darstelle, das gebiete, Wesen einer Wesenskategorie auf die selbe Art und Weise zu behandeln.[13] Auffällig ist hierbei, dass durch die Kategorisierung einer Wesensart eine Differenzierung innerhalb der Kategorie vernachlässigt wird, worin wiederum eine Bedingung für Gerechtigkeit überhaupt zu liegen scheint. Noch allgemeiner gesprochen, dass eine gewisse Unschärfe und Gleichmachung die Voraussetzung für die generelle Konstruktion des Gerechtigkeitsbegriffes bedeutet – der Maßstab muss also außerhalb der natürlichen Unterschiede von Gemeinschaftsmitgliedern liegen um im eigentlichen Sinne gerecht zu sein.

Generation

Der Begriff Generation entlehnt sich dem lateinischen *generatio* und bedeutet Zeugung, Zeugungskraft, was weiter auf das lateinische *genus* zurückreicht, welches mit Abstammung, Familie übersetzt werden kann.[14] Mit wenigen Gedanken ist man dann auch beim allgemeinen, vor allem gegenwärtigen Gebrauch des Wortes angelangt. Wichtig dabei ist nur die Einführung einer zeitlichen Dimension. Das etymologische Wörterbuch fasst den Begriff unter Gesamtheit der Menschen einer Altersstufe zusammen.[15] Noch weiter differenziert und mit dem Sprachgebrauch übereinstimmend, beschreibt es das Lexikon für Bioethik, welches eine Generation als eine Menschengruppe gleichen Alters und zudem in einem abgegrenzten geographischen Raum lebend, bestimmt.[16] Diese Definition lässt somit genügend Spielraum um eine Generation je nach vorangestelltem Wortteil einzugrenzen (z.B. 68ziger Generation), wie dies im Allgemeinen auch geschieht (gesamtgesellschaftlich, familiär, historisch etc.). Heubach konstatiert, dass diese allgemeine und bedeutungsreiche Verwendung auch in der Wissenschaft nicht einheitlicher gefasst wird.[17] Mit Tremmel gruppiert die Autorin die verschiedenen Verständniskonzepte von Generation:

1. den chronologischen temporalen Generationsbegriff
2. den chronologischen intertemporalen Generationsbegriff
3. den sozialen Generationsbegriff

---

[13] Vgl. Heubach 2008, S. 27.
[14] Vgl. ebd., S. 28.
[15] Vgl. ebd.
[16] Vgl. ebd.
[17] Vgl. ebd., S. 29.

4. den familiären Generationsbegriff[18]

Im Unterschied zu den ersten drei Konzeptionen ist letztere auf eine gesellschaftliche Mikroebene beschränkt.[19] Auf der Makroebene unterscheiden sich streng chronologische von sozialen Generationskonzepten, wobei erstere wieder untergliedert sind in temporale, also in zeitlicher (jedoch uneinheitlich bestimmter) Begrenzung gefasste Generationen, und in intertemporale, also die Gesamtheit aller lebenden Menschen zum Zeitpunkt der Begriffsverwendung.[20] Eine soziale Generation lässt sich primär über eine bestimmte politische, ökonomische, kulturelle Prägung abstecken – vergleichbar mit dem Begriff der sozialen Klasse.[21] Für die Diskussion um Generationengerechtigkeit schließt die Autorin das familiäre Konzept, wenn auch relevant, aus ihrer Arbeit aus.[22] Heubach greift im Weiteren auf den chronologischen temporalen Generationsbegriff zurück, da dieser im Zusammenhang mit Gerechtigkeit zwischen verschiedenen Generationen im Vergleich zu den zwei übrigen Konzepten am fruchtbarsten erscheint.[23]

Generationen-Gerechtigkeit

Nachdem nun Gerechtigkeit als Handlungsprinzip auf Basis der Gleichbehandlung, wenn auch nach verschiedenen Maßstäben möglich, eingegrenzt und Generation als Bündelung von Menschen einer Altersgruppe bestimmt wurde, untersucht Heubach darauf aufbauend, was unter der Zusammensetzung beider Begriffe verstanden werden kann.

Aufgrund sprachlicher Uneindeutigkeit schließt sie den Begriff der intergenerativen Gerechtigkeit aus der Debatte aus.[24] Um nun auch die uneinheitliche Verwendung der Wortzusammensetzung, die in erster Linie auf die unterschiedliche Auffassung von Gerechtigkeit zurückgeführt werden kann, einzudämmen, konstruiert Heubach eine Definition, die das Verständnis präzisieren soll.[25] „Generationengerechtigkeit ist erreicht, wenn niemand aufgrund seiner Zugehörigkeit zu einer bestimmten Generation benachteiligt wird."[26] Damit ist Gerechtigkeit vor allem als Abwesenheit von Ungerechtigkeit aufgrund des

---

[18] Vgl. ebd.
[19] Vgl. ebd.
[20] Vgl. ebd., S. 30.
[21] Vgl. ebd., S. 31 ff.
[22] Vgl. ebd., S. 36.
[23] Vgl. ebd., S. 38.
[24] Vgl. ebd., S. 39.
[25] Vgl. ebd., S. 40 ff.
[26] Ebd., S. 44.

Geburtenzeitpunkts umrissen und es deutet sich auch schon eine Art von solidarischer oder politischer Ausgleichbewegung zwischen den wie auch immer gearteten Generationen an. Der theoretische Boden scheint geebnet um nun auf die Komplexität historisch geprägter und ständig im Wandel begriffener Generationen übertragen zu werden. Die Grundfragen der Generationengerechtigkeit beziehen sich im Groben gesellschaftlich auf Ausbildung, Arbeitswelt und Altersversorgung, aber auch auf Ökologie, Schuld und Forschung.[27] Die Perspektiven und Fragen, die sich konkret daraus ergeben, können an dieser Stelle nicht weiter verhandelt werden. Es sollen jedoch verschiedene Kritikpunkte und Bedenken geäußert werden, die auch andere Positionen sichtbar machen.

---

[27] Vgl. ebd., S. 50.

3. Diskussionsansätze

Am Ideal der Generationengerechtigkeit gemessen, offenbart sich eine Hemmschwelle durch die Konstitution des gegenwärtigen ökonomischen Systems. Dazu ist es wichtig, sich bewusst zu machen, dass Generationengerechtigkeit sich weitgehend mit den Überlegungen zur Nachhaltigkeit überschneidet. Betrachtet man nun jedoch die auf Konkurrenz und Kurzfristigkeit angelegte Wirtschaft, so ist es offensichtlich, dass diese Eigenschaften zumindest in ihrer konsequenten Logik einer nachhaltigen und damit auch gesamtgesellschaftlichen Gerechtigkeit im Wege stehen. Eine sich derart gestaltende Ökonomie stellt keine Verbindung zwischen Gegenwart und Zukunft her, da Werte der Gerechtigkeit und Nachhaltigkeit nicht implizit in ihr angelegt sind.[28]

Auffällig ist die Suggestion der Definition nach Heubach, mittels des Begriffs Zugehörigkeit und dem Präfix inter, dass zukünftige Generationen, also noch nicht lebende Menschen, aus der gerechten Planung ausgeschlossen zu sein scheinen. Hierin liegt wohl einer der theoretischen Hauptstreitpunkte in der Diskussion, da sich Nachhaltigkeit aus wie auch immer gerechtfertigten Gründen nur auf die lebende Menschheit bezieht. In anderen Konzepten wird dieser als Mangel verstandene Punkt versucht zu überwinden.

Selbst dies außer Acht lassend, stellt sich die Frage nach den Handlungsträgern, den Autorisierten, denn einer Generation als solcher steht keine explizite kollektive Machtausübung zur Verfügung. [29] Um Generationengerechtigkeit zu realisieren ist es womöglich notwendig, sie in einer überzeitlichen Rechtsordnung zu etablieren und ob diese wiederum als Gerechtigkeitsgarant genügt, bleibt stark zu bezweifeln. Immerhin werden hier ein Streitpunkt und ein Aspekt des andauernden Kampfes um praktische Gerechtigkeit ersichtlich.

Ein weiteres Problem stellt die mögliche Verschleierung der intragenerationellen Ungerechtigkeit durch die Generationengerechtigkeit dar. [30] Eine Gerechtigkeit, die sich zwischen Generationen herstellt, garantiert schließlich keine umfassende Gerechtigkeit. Vielmehr bleibt die Möglichkeit bestehen, dass sich Gerechtigkeit an anderen Maßstäben wie Reichtum durch sämtliche Generationen hindurch bricht. Dies ist kein direkter Einwand, vielmehr ein Zweifel an der Umsetzung von Gerechtigkeit generell. Vielleicht sollten die

---

[28] Vgl. Biesecker, Adelheid: Vorsorgendes Wirtschaften – Wege zu einer nachhaltigen Ökonomie. In: Heinz, Kathrin; Thiessen, Barbara [Hrsg.]: Feministische Forschung – Nachhaltige Einsprüche. Opladen: Leske + Budrich 2003, S. 340.

[29] Vgl. Ekhardt, Felix: Das Prinzip Nachhaltigkeit. Generationengerechtigkeit und globale Gerechtigkeit. München: C.H. Beck 2005, S. 83 f.

[30] Vgl. Grunwald, Armin; Kopfmüller, Jürgen: Nachhaltigkeit. Frankfurt a. M.: Campus Verlag 2006, S. 133 f.

Gerechtigkeitsideale durchaus umfassender generiert werden um einen gesamtgesellschaftlichen Ausgleich nicht schon durch die Begriffe des theoretischen Grundgebäudes zu verdecken.

Ein weiterer Punkt, der die Generationengerechtigkeit auf die Probe stellt, scheint die extrem ungleiche Quantität von Generationen zu bedeuten. Es ließe sich theoretisch ein Kollaps durch die Unmöglichkeit gerechter Verteilung aufgrund der Gefährdung des gesellschaftlichen und wirtschaftlichen Systems ausmalen. An dieser Stelle tritt die Generationengerechtigkeit hinter systemelementarere bzw. -erhaltende Interessen zurück. Das verdeutlicht, dass das Konzept der Generationengerechtigkeit nicht ohne Bedingungen umsetzbar und von Abhängigkeiten geprägt ist.

Ein weiterer Gedanke, der aus der nüchternen Betrachtung der Definition von Heubach hervorgehen kann, ist die Frage nach den moralischen Grenzen einer Umsetzung. Generationengerechtigkeit kennt keinen Gegenbegriff, keine Opposition, die eine Radikalisierung eindämmt. Stellt man sich die individuelle Freiheit als einen solchen vor, so wird Generationengerechtigkeit erst humanistisch möglich und darum geht es ja implizit bei Heubach, nicht um eine Gerechtigkeit um jeden Preis, die so zu Recht in die Kritik geraten würde. Dem entgegen sollte man Generationengerechtigkeit eher als regulative Idee verstehen, die zielgerichtete, gerechte Wirtschafts- und Politikinteressen ethisch legitimieren.[31]

Ein anderer Gedanke, der einem Poeten besser stünde und doch seine Berechtigung bekundet, ist die Vorstellung, dass das in Wohlgefallen und Zufriedenheit Errungene einer Generation den Nährboden für die zukünftigen vergiftet. Soll heißen, dass beispielsweise der Wohlstand, der historisch wirtschaftlich möglich geworden ist, eine Mentalität in einer Generation erwachsen lässt, die die pädagogischen wie allgemeinen, existenziellen Folgen dieses, für die nächste Generation möglicherweise lähmend, narkotisierend wirkenden Wohlstands schlicht verkennt und verkennen muss. Oder allgemeiner, dass das kollektive Unbewusste einer ganzen Generation latent bis in die Strukturen ihrer Manifestationen fortwirkt und folgende Generationen in der Selbstverständlichkeit ihrer Lebensumstände prägt und dies möglicherweise derart, dass eine Generationengerechtigkeit von Seiten erwachsenden Gedankenguts etc. ins Wanken gerät. Hierin liegt mitunter eine mögliche Begründung dafür, dass dieses Konzept sich auf politische Bewegungsmöglichkeiten und nicht auf kulturelle bezieht, die allerdings trotz ihrer Verdrängung immer eine Rolle spielen werden. Wieder kann

---

[31] Vgl. Reuter, Norbert: Generationengerechtigkeit als Richtschnur der Wirtschaftspolitik? In: Klundt, Michael; Butterwegge, Christoph: Kinderarmut und Generationengerechtigkeit. Familien- und Sozialpolitik im demografischen Wandel. Opladen: Leske + Budrich 2003, S. 81.

nur an die Schlussfolgerung erinnert werden, dass Generationengerechtigkeit, will sie ihren Fortbestand sichern, sich in überzeitlichen Instanzen etablieren muss.

Diese Diskussionsansätze und möglichen Kritikpunkte sollen genügen die theoretische Grundkonzeption, welche in dieser Arbeit vorgestellt wurde, von den verschiedensten Seiten zu beleuchten. Ein solches Konzept, so löblich seine Intention sein mag, muss sich erst in der Praxis behaupten und tut dies in verschiedener Hinsicht auch schon, doch die Grenzen der Theorie müssen noch ausgelotet werden, denn dafür ist die explizite Auseinandersetzung mit diesem Thema noch zu jung und vieldeutig.

4. Literaturverzeichnis

Primär

Heubach, Andrea: Generationengerechtigkeit – Herausforderung für die zeitgenössische Ethik. Göttingen: V&R unipress 2008.

Sekundär

Biesecker, Adelheid: Vorsorgendes Wirtschaften – Wege zu einer nachhaltigen Ökonomie. In: Heinz, Kathrin; Thiessen, Barbara [Hrsg.]: Feministische Forschung – Nachhaltige Einsprüche. Opladen: Leske + Budrich 2003, S. 337 – 352.

Ekhardt, Felix: Das Prinzip Nachhaltigkeit. Generationengerechtigkeit und globale Gerechtigkeit. München: C.H. Beck 2005.

Grunwald, Armin; Kopfmüller, Jürgen: Nachhaltigkeit. Frankfurt a. M.: Campus Verlag 2006.

Reuter, Norbert: Generationengerechtigkeit als Richtschnur der Wirtschaftspolitik? In: Klundt, Michael; Butterwegge, Christoph: Kinderarmut und Generationengerechtigkeit. Familien- und Sozialpolitik im demografischen Wandel. Opladen: Leske + Budrich 2003, S. 81 – 98.